Né en 1962 à Villeneuve d'Ascq, le Petit Ourson guimauve CEMOI régale depuis 50 ans les Petits comme les Grands gourmands.

La recette originale du Petit Ourson c'est l'alliance d'une guimauve moelleuse enrobée de fin chocolat au lait.

Meilleur ami de plusieurs générations d'écoliers, il reste aujourd'hui encore un must... la Madeleine de Proust de nos jeunes années !

Et si tous les Petits Oursons CEMOI du monde voulaient se donner la patte, ils entoureraient au moins cinq fois la terre…

Le petit livre

PETIT OURSON GUIMAUVE®

CATHERINE QUEVREMONT
Photographies de Ilona Chovancova

MARABOUT

SOMMAIRE

LES KITS

KIT MILLE-FEUILLE	4
KIT GLACE	6
KIT GLAÇAGE	8

PETITES GOURMANDISES

BARRE CHOCOLATÉE	10
MILK-SHAKE	12
CRÊPES AU PETIT OURSON GUIMAUVE®	14
BONBONS DE PETIT OURSON GUIMAUVE®	16
PETITES CRÈMES AU CHOCOLAT	18
TEMPURAS DE PETIT OURSON GUIMAUVE®	20
NEMS DE PETIT OURSON GUIMAUVE® & GRENADINE	22
FINANCIERS	24
BRIOCHES GRILLÉES AU PETIT OURSON GUIMAUVE®	26

DESSERTS

TERRINE CHOCOLAT & POP-CORN	28
CRUMBLE AUX POIRES & PETITE OURSONNE GUIMAUVE®	30
BROWNIES	32
CHARLOTTE À LA CRÈME DE MARRONS	34
BANANES FLAMBÉES	36
PANNA-COTTA	38
TARTES CHOCO-KIWI ET PETIT OURSON GUIMAUVE®	40
CUPCAKES CHOCOLAT AU PETIT OURSON GUIMAUVE®	42
FONDUE AU CHOCOLAT	44
FUDGE	46

ENFANTS

PETIT OURSON GUIMAUVE® EN VOITURE	48
POMMES AU FOUR AU PETIT OURSON GUIMAUVE®	50
PAINS AU LAIT AU PETIT OURSON GUIMAUVE®	52
PETIT OURSON GUIMAUVE® DANS LA JUNGLE	54
BROCHETTES DE FRUITS & PETIT OURSON GUIMAUVE®	56
SALADE DE FRUITS	58
SANDWICHS D'OURSONS	60
PETITS ESQUIMAUX	62

KIT MILLE-FEUILLE

MILLE-FEUILLE AU SPECULOOS
POUR 3 MILLE-FEUILLES

9 PETITS OURSONS GUIMAUVE CEMOI,
3 cuillerées à soupe de pâte de speculoos

Tartiner un premier PETIT OURSON GUIMAUVE® avec la pâte de speculoos. Superposer un deuxième PETIT OURSON GUIMAUVE®, le tartiner avec la pâte de speculoos puis superposer un dernier PETIT OURSON GUIMAUVE®. Recommencer l'opération trois fois.

MILLE-FEUILLE À LA FRAISE
POUR 3 MILLE-FEUILLES

3 cuillerées à soupe de fromage frais à tartiner, 3 cuillerées à soupe de confiture de fraises, 9 PETITS OURSONS GUIMAUVE CEMOI

Mélanger le fromage frais avec la confiture de fraises. Tartiner un premier PETIT OURSON GUIMAUVE® avec le fromage à la fraise. Superposer un deuxième PETIT OURSON GUIMAUVE®, le tartiner avec le fromage à la fraise puis superposer un dernier PETIT OURSON GUIMAUVE®. Recommencer l'opération trois fois.

MILLE-FEUILLE VANILLE-PISTACHE
POUR 3 MILLE-FEUILLES

9 PETITS OURSONS GUIMAUVE CEMOI,
2 cuillerées à soupe de glace à la vanille,
2 cuillerées à soupe de glace à la pistache

Tartiner un premier PETIT OURSON GUIMAUVE® avec la glace à la vanille. Superposer un deuxième PETIT OURSON GUIMAUVE®, le tartiner avec la glace à la pistache puis superposer un dernier PETIT OURSON GUIMAUVE®. Recommencer l'opération trois fois.

KIT GLACE

GLACE CHOCO-OURSON
1 PETIT OURSON GUIMAUVE®, 2 boules de glace au chocolat

Faire fondre un PETIT OURSON GUIMAUVE® au four à micro-ondes. Dans un bol, mettre 2 boules de glace au chocolat et verser dessus le PETIT OURSON GUIMAUVE® fondu.

GLACE PISTACHE, CARAMEL AU BEURRE SALÉ
2 PETITS OURSONS GUIMAUVE CEMOI, 2 boules de glace à la pistache

Couper 2 PETITS OURSONS GUIMAUVE en petits morceaux. Dans un bol, mettre 2 boules de glace à la pistache, recouvrir de caramel au beurre salé fondu et parsemer de petits morceaux d'oursons.

GLACE VANILLE, CARAMEL
2 PETITS OURSONS GUIMAUVE CEMOI 1 boule de glace à la vanille, 1 boule de glace au caramel

Couper 2 PETITS OURSONS GUIMAUVE en petits morceaux. Dans un bol, mettre 1 boule de glace à la vanille, 1 boule de glace au caramel et parsemer de petits morceaux d'oursons.

SORBET FRAMBOISE
2 PETITES OURSONNES GUIMAUVE CEMOI, 2 boules de sorbet à la framboise

Couper 2 PETITES OURSONNES GUIMAUVE en petits morceaux. Dans un bol, mettre 2 boules de sorbet à la framboise et parsemer de petits morceaux d'oursonnes.

KIT GLAÇAGE

GLAÇAGE CHOCOLAT NOIR
200 g de chocolat noir, 1 cuillerée à soupe de crème fraîche

Faire fondre le chocolat au four à micro-ondes. Y ajouter la crème fraîche et mélanger. Tremper la moitié du corps des PETITS OURSONS GUIMAUVE CEMOI, en les tenant par la tête, dans le chocolat. Réserver au frais.

GLAÇAGE CHOCOLAT AU LAIT
200 g de chocolat au lait, 1 cuillerée à soupe de crème fraîche

Faire fondre le chocolat au four à micro-ondes. Y ajouter la crème fraîche et mélanger. Tremper la moitié du corps des PETITS OURSONS GUIMAUVE CEMOI, en les tenant par la tête, dans le chocolat. Réserver au frais.

GLAÇAGE CHOCOLAT BLANC
200 g de chocolat blanc, 1 cuillerée à soupe de crème fraîche

Faire fondre le chocolat au four à micro-ondes. Y ajouter la crème fraîche et mélanger. Tremper la moitié du corps des PETITS OURSONS GUIMAUVE CEMOI, en les tenant par la tête, dans le chocolat. Réserver au frais.

GLAÇAGE CARAMEL AU BEURRE SALÉ
5 cuillerées à soupe de caramel au beurre salé, 1 cuillerée à soupe de crème fraîche

Faire chauffer le caramel au beurre salé pour le liquéfier. Tremper la moitié du corps des PETITS OURSONS GUIMAUVE CEMOI, en les tenant par la tête, dans le caramel. Réserver au frais.

BARRE CHOCOLATÉE

20 MIN DE PRÉPARATION – 12 H DE REPOS – 1 MIN DE CUISSON

POUR 8 BARRES

150 g de chocolat noir

15 cl de crème liquide

8 PETITS OURSONS GUIMAUVE CEMOI

100 g de flocons d'avoine

50 g de raisins blonds

50 g de pistaches

50 g de noisettes concassées

MATÉRIEL

8 emporte-pièces rectangulaires

1- Faire fondre le chocolat noir au four à micro-ondes et le mélanger ensuite avec la crème liquide.
2- Couper les PETITS OURSONS GUIMAUVE en petits dés et les mélanger aux céréales et aux fruits secs. Verser le chocolat dans les emporte-pièces jusqu'à mi-hauteur. Répartir ensuite par-dessus le mélange aux céréales et fruits secs. Les enfoncer légèrement dans le chocolat. Réserver 12 heures au réfrigérateur.

MILK-SHAKE

10 MIN DE PRÉPARATION

POUR 4 VERRES

150 g de fraises

1 l de lait froid

½ l de sorbet
à la framboise

**4 PETITES OURSONNES
GUIMAUVE CEMOI**
+ pour
le décor

MATÉRIEL

mixeur

1- Équeuter les fraises et les couper en deux. Couper les PETITES OURSONNES GUIMAUVE en morceaux.
2- Dans le bol du mixer, mettre le sorbet, les morceaux de fraises, le lait ainsi que les morceaux de PETITES OURSONNES GUIMAUVE. Mixer finement. Servir, accompagné de PETITS OURSONS GUIMAUVE.

CRÊPES AU PETIT OURSON GUIMAUVE®

10 MIN DE PRÉPARATION – 1 H DE REPOS – 20 MIN DE CUISSON

POUR 12 CRÊPES

125 g de farine
30 g de sucre
une pincée de sel
3 œufs
30 g de beurre ramolli
25 cl de lait tiédi
12 PETITS OURSONS GUIMAUVE CEMOI

1- Dans un saladier, mélanger la farine, le sucre et le sel. Incorporer les œufs et fouetter vivement. Ajouter le beurre ramolli et délayer avec le lait tiédi. Laisser reposer la pâte 1 heure.
2- Dans une poêle bien chaude, mettre 1 noisette de beurre à fondre. Faire cuire les crêpes. Pendant ce temps, faire fondre au four à micro-ondes les PETITS OURSONS GUIMAUVE puis les verser à l'intérieur des crêpes et les rouler sur elles-mêmes.

BONBONS DE PETIT OURSON GUIMAUVE®

15 MIN DE PRÉPARATION – 10 MIN DE CUISSON

POUR 8 BONBONS

4 feuilles Filo
8 PETITS OURSONS GUIMAUVE CEMOI
huile de friture
sucre glace

1- Déplier les feuilles Filo. Plier chaque feuille en deux puis la couper en deux.
2- Enrouler 1 PETIT OURSON GUIMAUVE® dans chaque feuille et tourner chaque extrémité pour refermer.
3- Faire chauffer l'huile, y plonger les bonbons. Dès qu'ils sont dorés, les sortir à l'aide d'une écumoire et les égoutter sur une feuille de papier absorbant.
4- Au moment de servir, saupoudrer ces bonbons de sucre glace.

PETITES CRÈMES AU CHOCOLAT

10 MIN DE PRÉPARATION – 7 MIN DE CUISSON – 2 H DE REPOS

POUR 4 PERSONNES

150 g de chocolat à 70%
15 cl de crème fraîche liquide
4 PETITS OURSONS GUIMAUVE CEMOI
+ 4 pour le décor

1- Râper le chocolat puis le faire fondre au four à micro-ondes.
2- Dans une casserole, faire chauffer la crème liquide puis ajouter le chocolat fondu et bien mélanger.
3- Faire fondre 4 PETITS OURSONS GUIMAUVE au four à micro-ondes. Les ajouter à la crème. Bien mélanger.
4- Verser dans 4 ramequins et réserver au réfrigérateur 2 heures. Servir accompagné de PETITS OURSONS GUIMAUVE.

TEMPURAS DE PETIT OURSON GUIMAUVE®

20 MIN DE PRÉPARATION – 10 MIN DE CUISSON

POUR 12 TEMPURAS

1 œuf

une pincée de sel

1 cuillerée à soupe de farine

15 cl d'eau gazeuse glacée

huile de friture

12 PETITS OURSONS GUIMAUVE CEMOI

1- Séparer le blanc du jaune d'œuf. Battre le blanc à la fourchette avec le sel. Mélanger la farine et le jaune d'œuf, ajouter le blanc fouetté, mélanger et verser l'eau gazeuse.
2- Faire chauffer l'huile de friture. Tremper les oursons l'un après l'autre dans la pâte à tempura puis les jeter dans la friture. Laisser frire 1 minute, juste le temps que la pâte dore, mais sans laisser l'ourson fondre.
3- Sortir les oursons à l'aide d'une écumoire et les poser sur une feuille de papier absorbant avant de les déguster.

NEMS DE PETIT OURSON GUIMAUVE®
& GRENADINE

15 MIN DE PRÉPARATION – 15 MIN DE CUISSON

POUR 12 NEMS

12 feuilles de galette de riz

12 PETITS OURSONS GUIMAUVE CEMOI

huile de friture

10 cl de sirop de grenadine

1 citron zesté

quelques feuilles de menthe

1- Faire tremper les feuilles de galette de riz dans de l'eau froide pour les ramollir. Les égoutter sur du papier absorbant.
2- Poser 1 galette sur le plan de travail, placer 1 PETIT OURSON GUIMAUVE® devant soi au bord de la galette, enrouler sur 2 tours. Rabattre de part et d'autre la galette sur l'ourson puis continuer à rouler serré pour donner une forme de nem.
3- Faire chauffer l'huile, y plonger les nems puis les égoutter sur du papier absorbant lorsqu'ils sont dorés.
4- Dans 4 petits bols, verser du sirop de grenadine coupé d'eau fraîche, ajouter quelques zestes de citron. Servir avec un verre d'eau gazeuse parfumée de quelques feuilles de menthe.

FINANCIERS

20 MIN DE PRÉPARATION – 15 MIN DE CUISSON

POUR 12 FINANCIERS

200 g de beurre
70 g de farine
250 g de sucre glace
6 blancs d'œufs
150 g de poudre d'amande
pâte à tartiner
12 PETITS OURSONS GUIMAUVE CEMOI

MATÉRIEL

moules à financiers

1- Préchauffer le four à 240 °C (th. 8).
2- Mettre le beurre coupé en morceaux dans une casserole. Le faire fondre jusqu'à ce qu'il devienne noisette.
3- Dans une terrine, verser la farine, le sucre glace et la poudre d'amande. Bien mélanger. Incorporer les blancs d'œufs montés en neige, mélanger.
4- Ajouter ensuite le beurre noisette, mélanger pour obtenir une pâte homogène.
5- Remplir les moules aux trois quarts. Enfourner et laisser cuire 5 minutes.
6- Baisser le four à 200 °C (th. 6) et laisser cuire 7 minutes.
7- Éteindre le four et laisser les financiers reposer, four fermé, 10 minutes avant de les sortir. Démouler et laisser refroidir sur une feuille de papier sulfurisé. Sur chaque financier, tartiner un peu de pâte à tartiner et poser dessus 1 PETIT OURSON GUIMAUVE®.

BRIOCHES GRILLÉES AU PETIT OURSON GUIMAUVE®

10 MIN DE PRÉPARATION – 5 MIN DE CUISSON

POUR 4 PERSONNES

8 tranches de brioche
75 g de beurre demi-sel
8 PETITS OURSONS GUIMAUVE CEMOI

1- Faire toaster les tranches de brioche.
2- Les tartiner de beurre. Préchauffer le four à 200 °C (th. 6).
3- Poser 2 PETITS OURSONS GUIMAUVE sur chaque tranche de brioche toastée puis enfourner. Laisser cuire quelques minutes sous le gril du four jusqu'à ce que les oursons soient fondus. Servir aussitôt.

TERRINE CHOCOLAT & POP-CORN

20 MIN DE PRÉPARATION – 4 H DE REPOS – 10 MIN DE CUISSON

POUR 4 PERSONNES

2 cuillerées à soupe de maïs à pop-corn
250 g de chocolat noir
15 cl de crème liquide
50 g de beurre fondu
2 œufs
4 PETITS OURSONS GUIMAUVE CEMOI + pour le décor

MATÉRIEL

moule à cake

1- Mettre le maïs dans un saladier couvert et le faire éclater au four à micro-ondes.
2- Casser le chocolat en petits morceaux dans un saladier. Faire bouillir la crème liquide et la verser sur le chocolat. Mélanger pour le faire fondre. Ajouter le beurre et les œufs, bien mélanger l'ensemble.
3- Dans cette pâte au chocolat, couper les PETITS OURSONS GUIMAUVE en petits morceaux et ajouter le pop-corn. Mélanger l'ensemble.
4- Garnir le moule à cake de film étirable. Verser la préparation. Recouvrir de film étirable et réserver au frais pendant 4 heures. Au moment de servir, démouler la terrine et recouvrir le dessus de PETITS OURSONS GUIMAUVE.

CRUMBLE AUX POIRES
& PETITE OURSONNE GUIMAUVE®

15 MIN DE PRÉPARATION – 20 MIN DE CUISSON

POUR 4 PERSONNES

100 g de farine

50 g de sucre

100 g de beurre

8 PETITES OURSONNES GUIMAUVE CEMOI

2 poires comice

MATÉRIEL

4 plats à gratin individuels

1- Préchauffer le four à 180 °C (th. 6). Mettre la farine et le sucre dans un saladier et faire un puits au centre. Faire fondre le beurre au four à micro-ondes et le verser dans le puits. Mélanger rapidement du bout des doigts pour former le crumble.

2- Couper les PETITES OURSONNES GUIMAUVE en très petits morceaux et les ajouter au crumble.

3- Éplucher les poires, les couper en lamelles et les répartir dans 4 petits plats à gratin. Recouvrir de crumble. Enfourner et laisser cuire 20 minutes. Servir tiède.

BROWNIES

15 MIN DE PRÉPARATION – 30 MIN DE CUISSON

POUR 10 BROWNIES

200 g de chocolat noir

150 g de beurre

50 g de noisettes

6 PETITS OURSONS GUIMAUVE CEMOI

4 œufs

150 g de cassonade

100 g de farine

½ sachet de levure chimique

quelques noix de pécan

MATÉRIEL

mixeur

plat à gratin

1- Préchauffer le four à 180 °C (th. 6). Faire fondre le chocolat et le beurre au four à micro-ondes puis laisser tiédir.
2- Faire griller les noisettes dans une poêle antiadhésive puis les mixer grossièrement.
3- Couper 3 PETITS OURSONS GUIMAUVE en trois.
4- Incorporer les œufs, un à un, dans le chocolat fondu puis ajouter le sucre, la farine et la levure. Ajouter enfin les noisettes, les noix de pécan et les morceaux d'oursons. Bien mélanger.
5- Garnir un plat à gratin de papier cuisson puis y verser la préparation. Enfourner et laisser cuire 30 minutes. À mi-cuisson, poser 3 PETITS OURSONS GUIMAUVE sur le dessus. Laisser refroidir avant de démouler puis couper le brownie en petits carrés.

CHARLOTTE À LA CRÈME DE MARRONS

25 MIN DE PRÉPARATION – 4 H DE REPOS – 5 MIN DE CUISSON

POUR 4 PERSONNES

3 feuilles de gélatine

10 cl de crème liquide

1 boîte de crème de marrons

6 petites meringues

24 PETITS OURSONS GUIMAUVE CEMOI

MATÉRIEL

4 moules à charlotte individuels

1- Faire tremper les feuilles de gélatine dans de l'eau froide pour les ramollir.
2- Faire chauffer la crème liquide à feu doux. Y Ajouter les feuilles de gélatine essorées entre la paume des mains. Mélanger puis ajouter la crème de marrons.
3- Tapisser 4 moules à charlotte individuels de film alimentaire. Verser la préparation puis enfoncer des petits morceaux de meringue émiettée. Couvrir de film alimentaire et réserver 4 heures au réfrigérateur.
4- Démouler les charlottes sur des assiettes et tapisser le pourtour de PETITS OURSONS GUIMAUVE en les faisant maintenir à la charlotte avec un peu de crème de marrons.

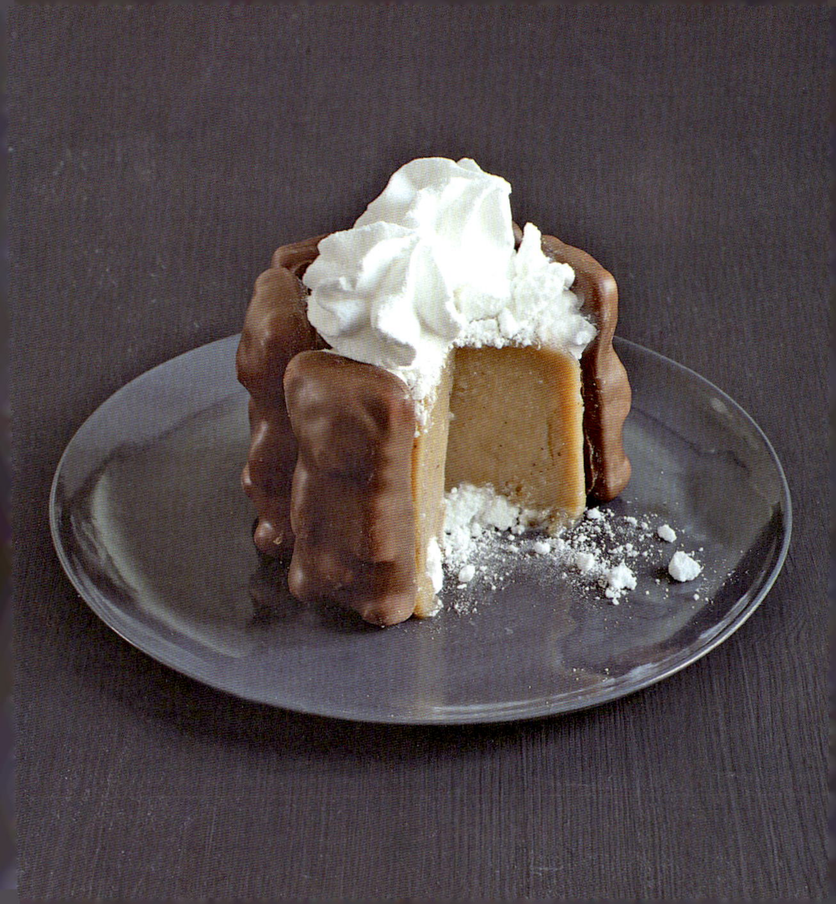

BANANES FLAMBÉES

15 MIN DE PRÉPARATION – 15 MIN DE CUISSON

POUR 4 PERSONNES

4 bananes
100 g de beurre doux
100 g de sucre en poudre
8 PETITS OURSONS GUIMAUVE CEMOI
1 petit verre de rhum

1- Éplucher et couper les bananes en deux dans le sens de la longueur.
2- Faire fondre le beurre dans une grande poêle puis faire dorer les bananes. Saupoudrer de sucre et laisser caraméliser. Retourner les bananes à mi-cuisson.
3- En fin de cuisson, verser le rhum dans la poêle et laisser chauffer 1 minute. Mettre les PETITS OURSONS GUIMAUVE sur les bananes et flamber. Disposer dans les assiettes.

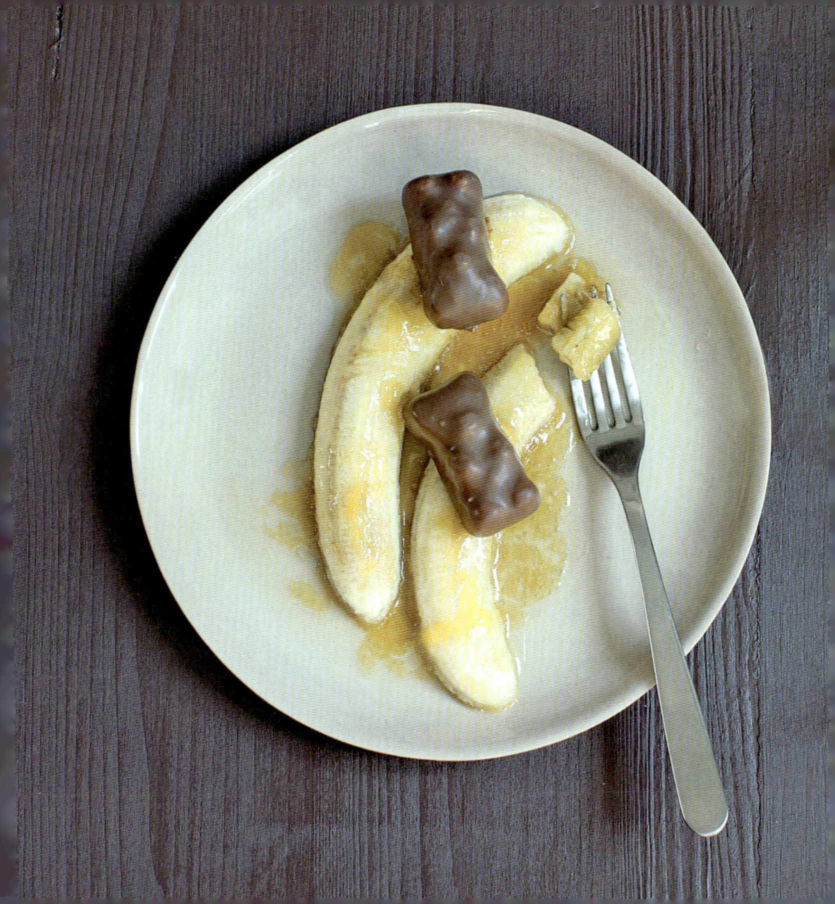

PANNA-COTTA

15 MIN DE PRÉPARATION – 5 MIN DE CUISSON – 2 H DE REPOS

POUR 4 PERSONNES

1 citron
5 feuilles de gélatine
50 cl de crème liquide
50 g de sucre en poudre
4 PETITS OURSONS GUIMAUVE CEMOI
+ 4 pour le décor

1- Zester le citron.
2- Faire tremper les feuilles de gélatine dans de l'eau froide pour les ramollir.
3- Dans une casserole, porter à ébullition la crème liquide avec le sucre. Ajouter le zeste de citron.
4- Essorer les feuilles de gélatine entre la paume des mains puis les ajouter dans la crème et bien mélanger. Laisser reposer 5 minutes.
5- Faire fondre les PETITS OURSONS GUIMAUVE au four à micro-ondes. Les ajouter à la crème. Bien mélanger.
6- Verser la préparation dans 4 ramequins et réserver au réfrigérateur 2 heures. Démouler les panna-cotta sur des petites assiettes et décorer avec les PETITS OURSONS GUIMAUVE.

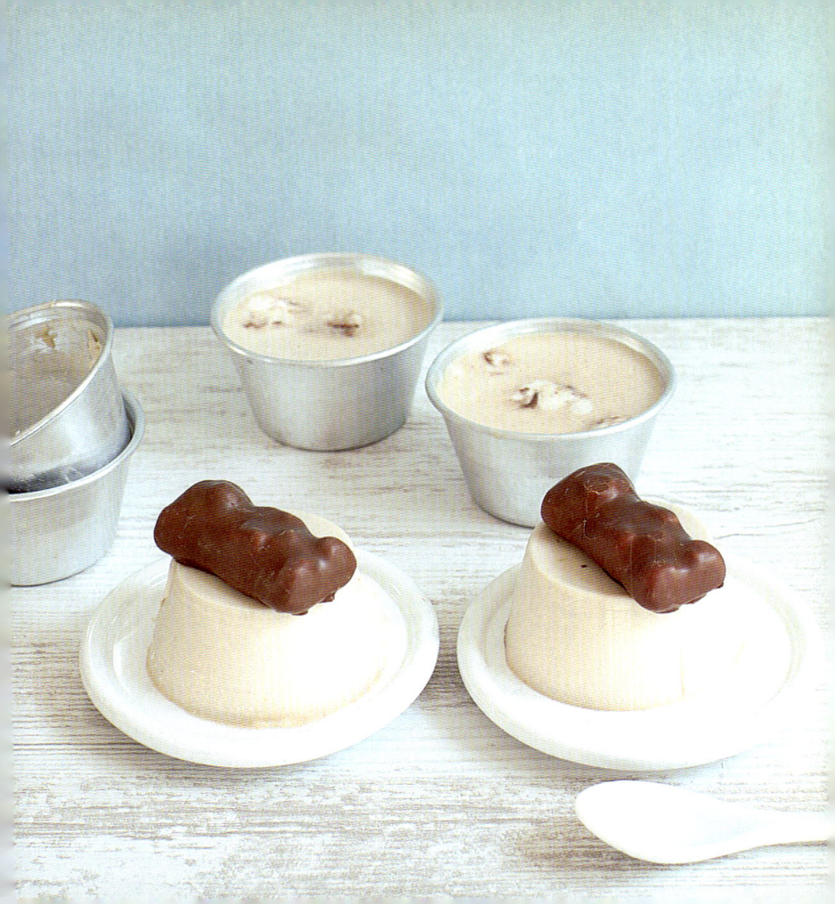

TARTES CHOCO-KIWI
& PETIT OURSON GUIMAUVE®

20 MIN DE PRÉPARATION – 2 H DE REPOS – 20 MIN DE CUISSON

POUR 4 PERSONNES

1 pâte brisée
150 g de chocolat noir
6 PETITS OURSONS GUIMAUVE CEMOI
10 cl de crème liquide
2 kiwis

MATÉRIEL

4 moules à tartelettes

1- Préchauffer le four à 180 °C (th. 6). Garnir les moules à tartelettes de pâte brisée et piquer le fond à la fourchette. Enfourner et laisser cuire 15 minutes.
2- Râper le chocolat et couper 2 PETITS OURSONS GUIMAUVE en petits morceaux. Faire bouillir la crème liquide et la verser sur le chocolat et les morceaux d'oursons. Mélanger jusqu'à obtenir une pâte souple.
3- Éplucher les kiwis et les couper en fines rondelles.
4- Répartir les rondelles de kiwi dans le fond des tartelettes puis verser dessus la ganache au chocolat. Laisser refroidir complètement. Terminer en déposant 1 PETIT OURSON GUIMAUVE® sur chaque tartelette.

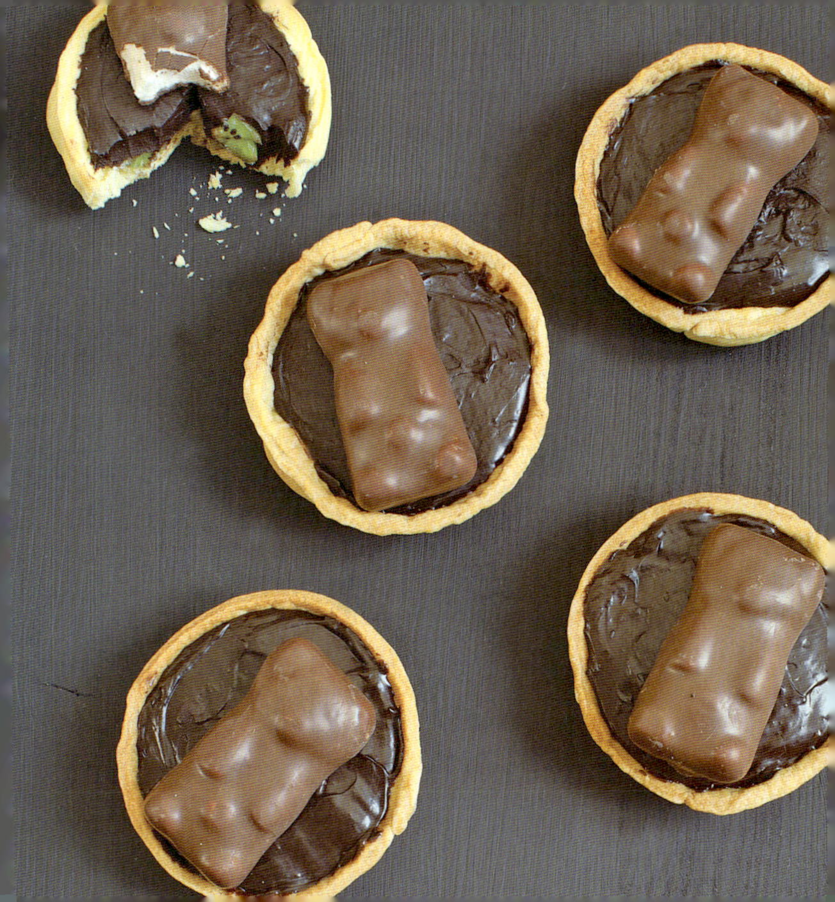

CUPCAKES CHOCOLAT
AU PETIT OURSON GUIMAUVE®

10 MIN DE PRÉPARATION – 25 MIN DE CUISSON

POUR 12 CUPCAKES

100 g de chocolat noir à 70%

150 g de beurre mou

200 g de sucre en poudre

4 œufs

90 g de farine

½ sachet de levure chimique

12 PETITS OURSONS GUIMAUVE CEMOI

1- Dans une casserole, faire fondre le chocolat avec le beurre et le sucre à feu doux en mélangeant sans cesse.
2- Hors du feu, en fouettant régulièrement, ajouter un à un les œufs. Verser en pluie la farine et la levure. Bien mélanger.
3- Préchauffer le four à 180 °C (th. 6). Verser la préparation dans des moules à muffins. Enfourner et faire cuire 25 minutes. Vérifier la cuisson en enfonçant la pointe d'un couteau. Si elle ressort sèche, le gâteau est cuit sinon continuer encore quelques minutes. Laisser refroidir avant de démouler.
4- Faire fondre au four à micro-ondes les PETITS OURSONS GUIMAUVE. Recouvrir chaque cupcake de PETITS OURSONS GUIMAUVE fondus.

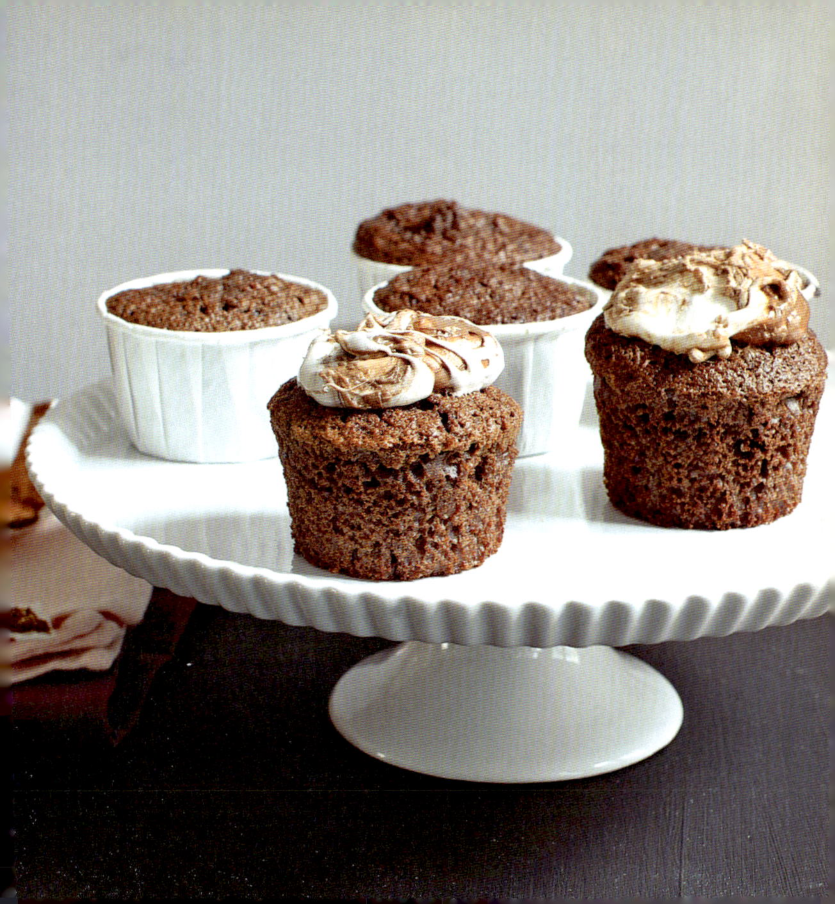

FONDUE AU CHOCOLAT

15 MIN DE PRÉPARATION – 5 MIN DE CUISSON

POUR 4 PERSONNES

300 g de chocolat noir
200 g de chocolat au lait
2 cuillerées à soupe de crème fraîche épaisse
12 PETITS OURSONS GUIMAUVE CEMOI

1- Faire fondre les deux chocolats séparément au four à micro-ondes.
2- Ajouter dans chacun 1 cuillerée à soupe de crème fraîche. Bien mélanger.
3- Disposer les bols éventuellement sur un chauffe-plat pour maintenir au chaud. Tremper à tour de rôles les PETITS OURSONS GUIMAUVE dans le chocolat. Si la fondue épaissit, ajouter un peu de crème fraîche tiédie.

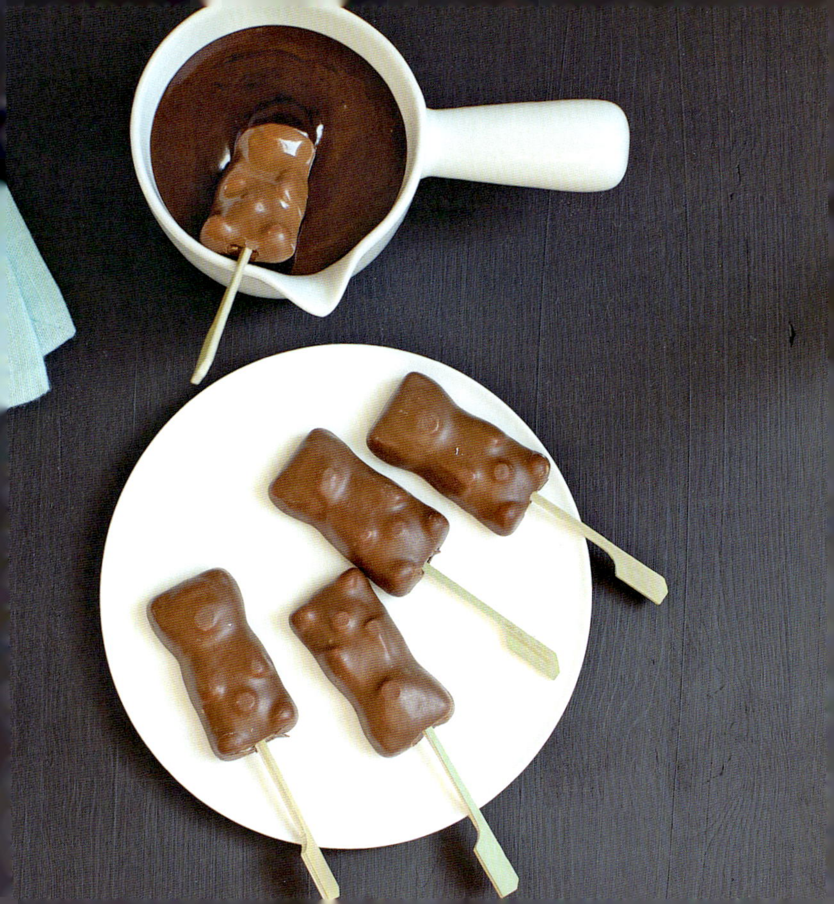

FUDGE

20 MIN DE PRÉPARATION – 12 H DE REPOS – 20 MIN DE CUISSON

POUR 4 PERSONNES

15 cl de lait
300 g de sucre en poudre
15 cl de crème fraîche
8 PETITS OURSONS GUIMAUVE CEMOI

MATÉRIEL
plat à gratin

1- Faire chauffer le lait, le sucre et la crème fraîche. Laisser bouillir à feu doux, sans cesser de remuer, pendant 10 minutes. Mettre ensuite la casserole dans un bain-marie d'eau froide sans cesser de remuer pendant 5 minutes.
2- Verser le fudge dans un plat garni d'un film étirable. Réserver 12 heures au réfrigérateur. Démouler le fudge et le couper en petits carrés. Couper les PETITS OURSONS GUIMAUVE en petits morceaux et les disposer sur chaque carré de fudge.

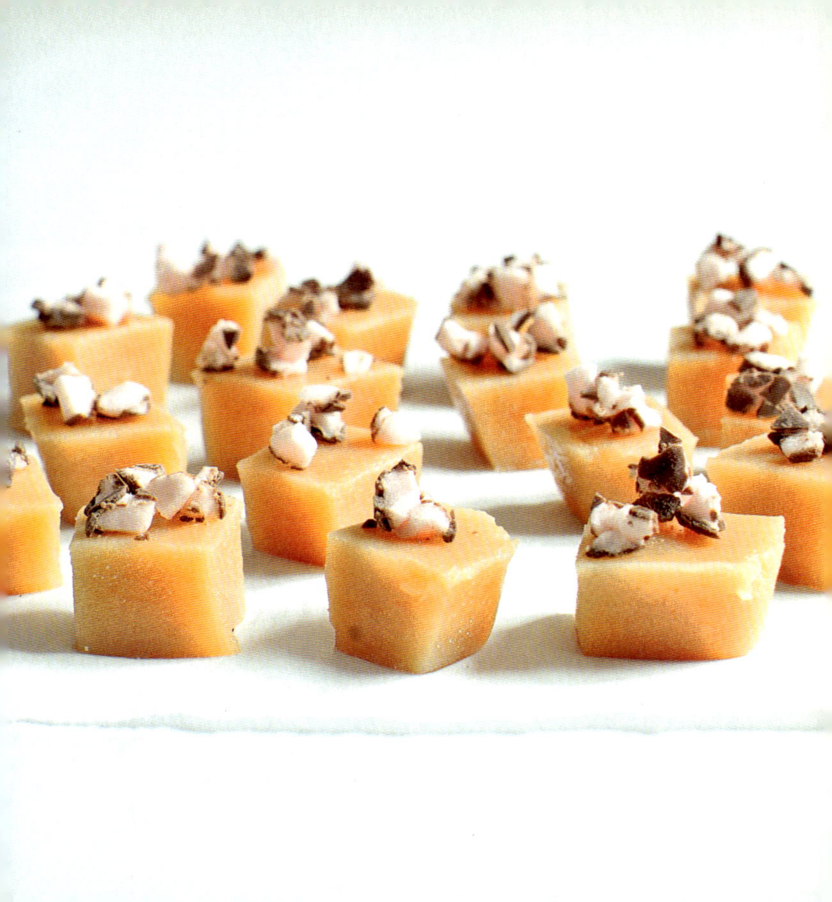

PETIT OURSON GUIMAUVE® EN VOITURE

20 MIN DE PRÉPARATION

POUR 1 VOITURE

5 gaufrettes
à la framboise

2 mini roulés
au chocolat

chocolat noir fondu

2 rouleaux de réglisse

6 PETITS OURSONS
GUIMAUVE CEMOI

sucre fantaisie rose

MATÉRIEL

pics en bois

1 ombrelle en papier

1- Poser 2 gaufrettes à cheval sur 2 mini roulés au chocolat.
2- Fermer la voiture sur 3 côtés en posant des gaufrettes, les coller avec un peu de chocolat fondu.
3- À partir des 2 rouleaux de réglisse, enrouler de façon serrée pour constituer 4 rouleaux qui seront les roues.
4- Piquer un pic en bois en dessous de 2 PETITS OURSONS GUIMAUVE et les planter dans les gaufrettes pour les faire tenir. Décorer l'un des PETITS OURSONS GUIMAUVE avec 1 ombrelle. Poser cette voiture sur un chemin de sucre rose, disposer des PETITS OURSONS GUIMAUVE qui feront le cortège. Pour un goûter d'enfants, vous pouvez monter plusieurs voitures, les décorer pour simuler une course… et tout se mange !

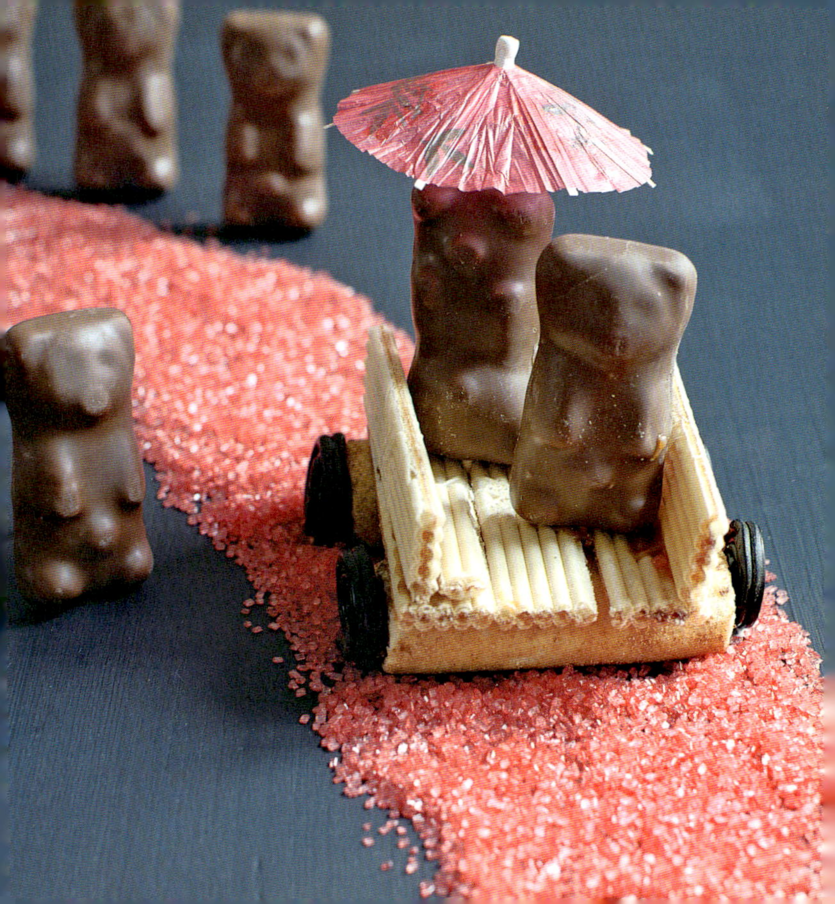

POMMES AU FOUR
AU PETIT OURSON GUIMAUVE®

10 MIN DE PRÉPARATION – 20 MIN DE CUISSON

POUR 4 PERSONNES

4 grosses pommes golden ou granny-smith

4 PETITS OURSONS GUIMAUVE CEMOI

50 g de beurre doux

50 g de sucre en poudre

MATÉRIEL

plat à gratin

1- Préchauffer le four à 180 °C (th. 6). Enlever le cœur des pommes sans les peler. Les placer dans un plat à gratin.
2- À l'intérieur de chaque pomme, répartir le beurre et le sucre.
3- Enfourner et laisser cuire 15 minutes. Sortir le plat du four et déposer 1 PETIT OURSON GUIMAUVE® dans le cœur de chaque pomme. Remettre le plat au four et laisser cuire encore 5 minutes. Servir aussitôt.

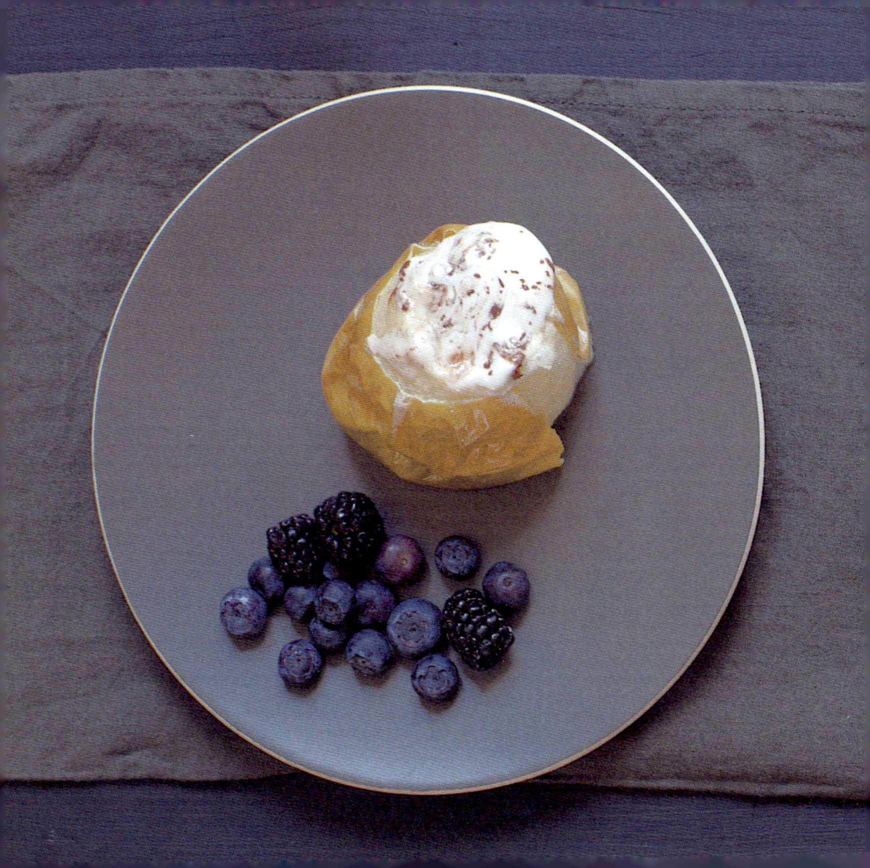

PAINS AU LAIT
AU PETIT OURSON GUIMAUVE®

45 MIN DE PRÉPARATION – 5 H DE REPOS – 35 MIN DE CUISSON

POUR 20 PAINS AU LAIT

500 g de farine
10 g de sel
20 g de sucre en poudre
25 g de levure boulangère
1 œuf + 1 jaune
150 g de beurre ramolli
20 cl de lait
10 cl de crème fraîche
20 PETITS OURSONS GUIMAUVE CEMOI

1- Dans un grand récipient, verser la farine, le sel, le sucre et la levure. Ajouter le jaune d'œuf et le beurre mou. Verser le lait et la crème. Mélanger le tout afin d'obtenir une belle boule de pâte. Laisser lever pendant 1 heure à température ambiante. Réserver ensuite au réfrigérateur pendant 2 heures.
2- Travailler la pâte et lui donner des formes allongées d'une douzaine de centimètres environ. Poser chaque pain au lait sur une feuille de papier sulfurisé.
3- Badigeonner les pains au lait avec un pinceau légèrement humide et laisser lever à température ambiante pendant 2 heures.
4- Préchauffer le four à 210 °C (th. 7) pendant 10 minutes. Badigeonner les pains au lait avec l'œuf battu. Enfourner et laisser cuire 30 à 35 minutes. Surveiller régulièrement la cuisson.
5- Laisser refroidir et ouvrir chaque pain en deux dans le sens de la longueur. Déposer 1 PETIT OURSON GUIMAUVE® dans chaque pain au lait puis refermer.

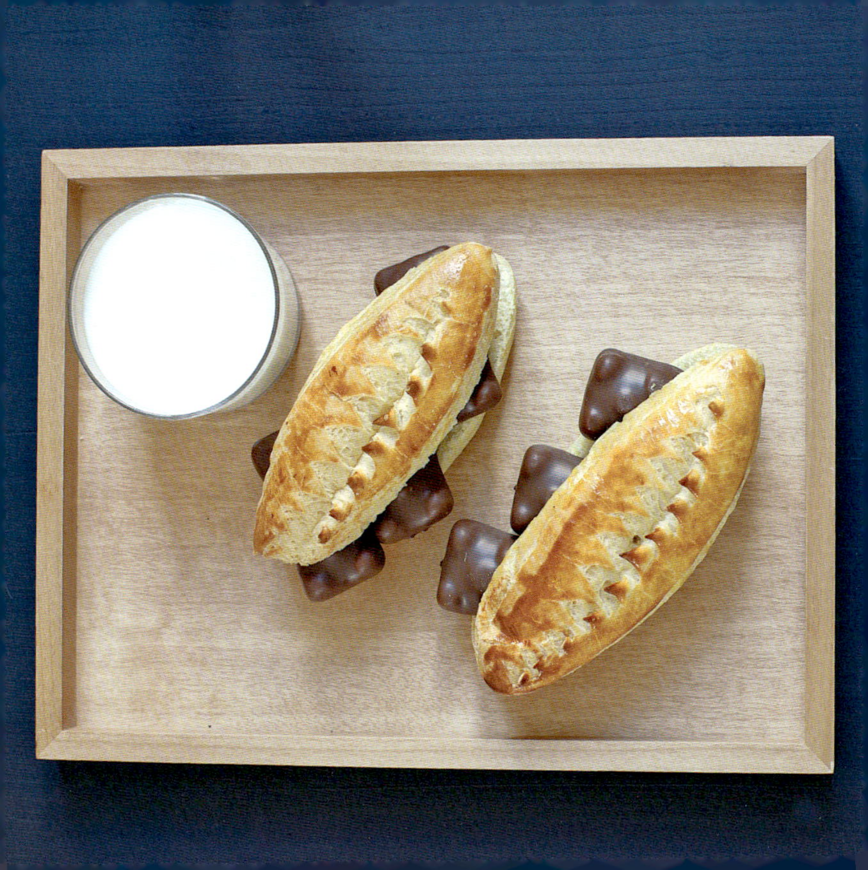

PETIT OURSON GUIMAUVE® DANS LA JUNGLE

30 MIN DE PRÉPARATION – 2 H DE REPOS – 15 MIN DE CUISSON

POUR 20 OURSONS

150 g de farine
75 g de sucre en poudre
1 sachet de sucre vanillé
70 g de beurre ramolli
5 cl de lait
1 œuf + 1 jaune
pâte à tartiner
20 **PETITS OURSONS GUIMAUVE CEMOI**
40 biscuits **MIKADO**®
sucre fantaisie bleu
30 bonbons crocodiles
30 bonbons boas

MATÉRIEL
emporte-pièce
rectangulaire

1- Préchauffer le four à 210 °C (th. 7). Mélanger la farine, le sucre et le sucre vanillé. Faire un puits au centre et y mettre le beurre ramolli. Mélanger la pâte du bout des doigts puis ajouter le lait et les œufs. Bien mélanger.

2- Travailler la pâte en boule et réserver 2 heures au réfrigérateur.

3- Étaler la pâte sur une épaisseur de 3 cm et découper 20 biscuits à l'aide d'un emporte-pièce rectangulaire.

4- Poser les biscuits sur la plaque du four garnie de papier cuisson et enfourner. Laisser cuire 15 minutes en surveillant que les biscuits ne dorent pas trop vite, sinon baisser le four. Laisser refroidir.

5- Tartiner les biscuits d'un peu de pâte à tartiner. Déposer 1 PETIT OURSON GUIMAUVE®. Couper en deux les MIKADOS® puis les piquer de part et d'autre des PETITS OURSONS GUIMAUVE pour figurer des rames. Posez les biscuits sur le sucre bleu. Disposer tout autour des bonbons crocodiles et des bonbons boas.

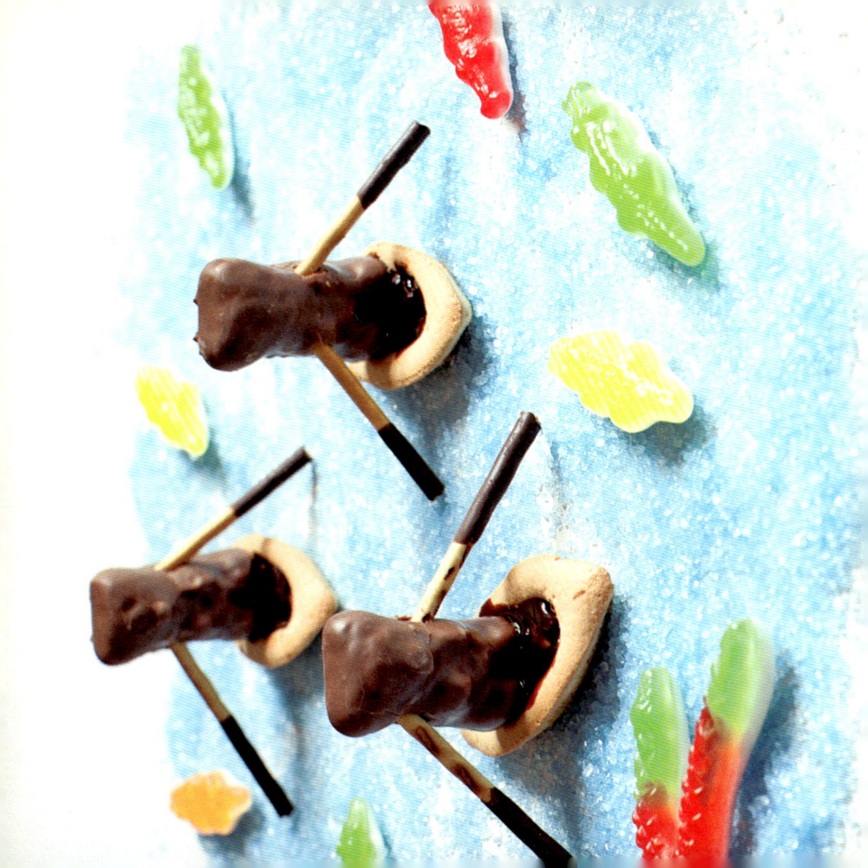

BROCHETTES DE FRUITS
& PETIT OURSON GUIMAUVE®

15 MIN DE PRÉPARATION

POUR 4 PERSONNES

½ melon
¼ de pastèque
½ ananas
12 grains de raisins muscats noirs
12 PETITS OURSONS GUIMAUVE CEMOI

MATÉRIEL
12 pics en bois

1- Éplucher et couper le melon, la pastèque et l'ananas en dés.
2- Sur chaque pic en bois, enfiler 1 grain de raisin, 1 dé de melon, 1 dé d'ananas et 1 dé de pastèque.
3- Piquer 1 brochette de fruits dans le ventre de chaque ourson. Servir.

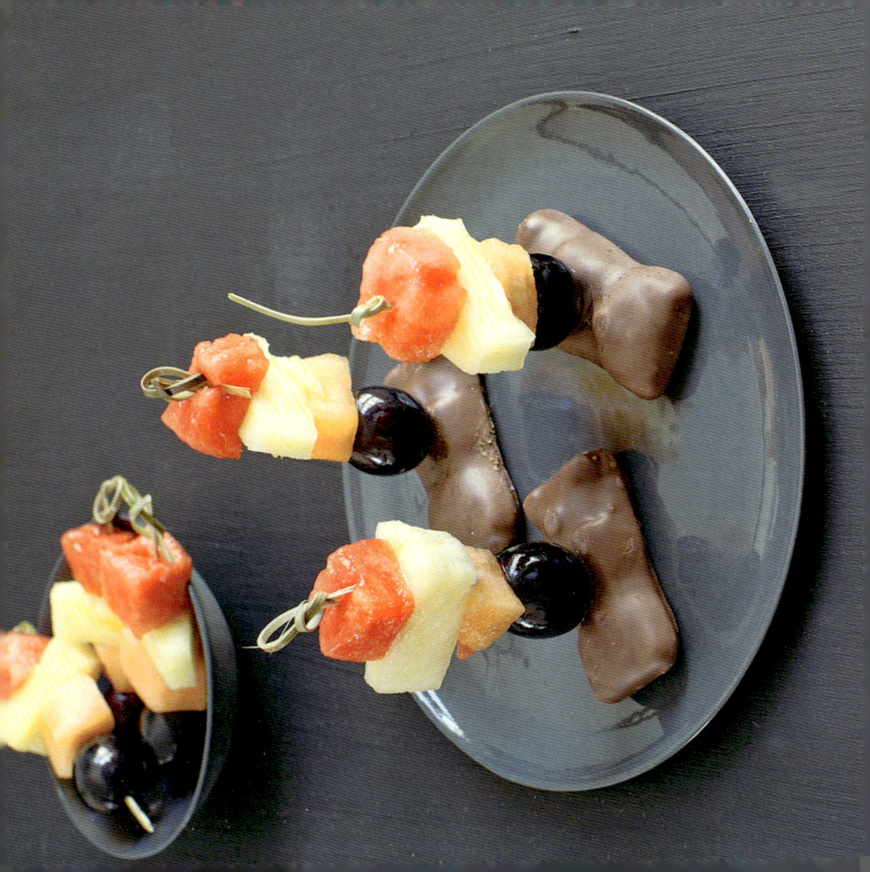

SALADE DE FRUITS

20 MIN DE PRÉPARATION

POUR 4 PERSONNES

½ ananas
½ melon
1 pomme granny-smith
1 mangue bien mûre
100 g de fraises
100 g de framboises
50 g de mûres
50 g de myrtilles
50 g de groseilles
6 PETITS OURSONS GUIMAUVE CEMOI
6 PETITES OURSONNES GUIMAUVE CEMOI

1- Éplucher l'ananas et le melon puis les couper en petits dés.
2- Couper la pomme en deux, ôter les pépins puis la couper en petits dés.
3- Éplucher la mangue et la couper en dés.
4- Dans un saladier, mettre les fruits. Arroser avec leur jus.
5- Couper les PETITS OURSONS GUIMAUVE et les PETITES OURSONNES GUIMAUVE en petits dés. Les ajouter à la salade de fruits et réserver au réfrigérateur jusqu'au moment de servir.

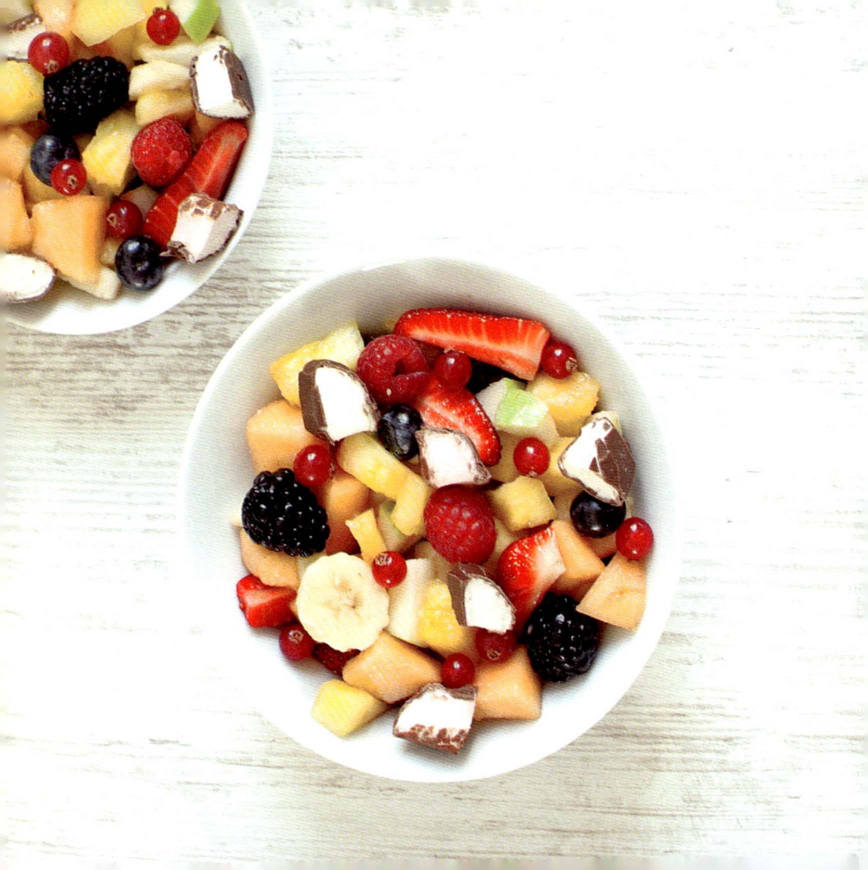

SANDWICHS D'OURSONS

10 MIN DE PRÉPARATION – 20 MIN DE CUISSON

POUR 8 SANDWICHS

16 PETITS OURSONS GUIMAUVE CEMOI
300 g de sucre
20 g de beurre demi-sel
25 cl de crème liquide froide
2 cuillerées à soupe de beurre de cacahuètes

1- Faire fondre le sucre à feu vif pour obtenir un caramel blond. Y ajouter le beurre, mélanger sans cesse et verser enfin la crème liquide bien froide. Laisser chauffer à feu vif en tournant sans cesse jusqu'à ce que le caramel épaississe. Réserver.

2- Associer les PETITS OURSONS GUIMAUVE deux par deux. Pour cela, tartiner l'intérieur de 4 sandwichs de beurre de cacahuètes et celui des 4 sandwichs restants de caramel au beurre salé. Assembler les sandwichs d'oursons.

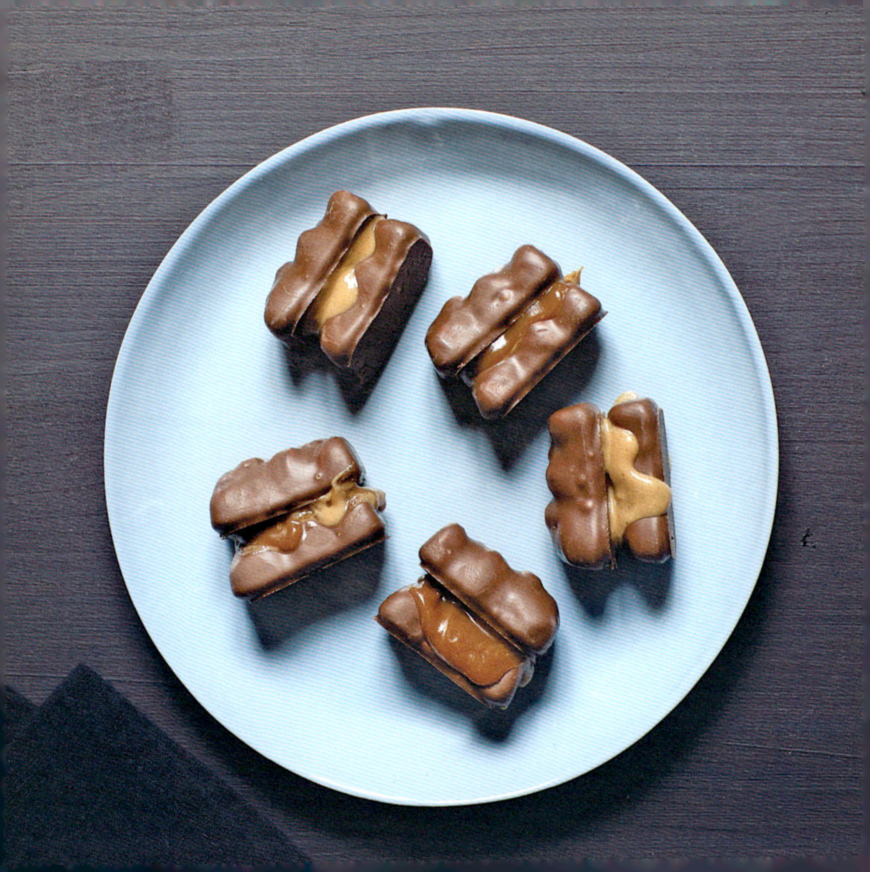

PETITS ESQUIMAUX

10 MIN DE PRÉPARATION – 3 H DE REPOS

POUR 8 ESQUIMAUX

4 PETITS OURSONS GUIMAUVE CEMOI
4 PETITES OURSONNES GUIMAUVE CEMOI
100 g de chocolat noir
100 g de chocolat blanc

MATÉRIEL
bâtonnets de glace

1- Piquer chaque PETIT OURSON GUIMAUVE® et chaque PETITE OURSONNE GUIMAUVE® sur un bâtonnet de glace.
2- Faire fondre les chocolats séparément. Y tremper les esquimaux puis réserver au congélateur pendant 3 heures minimum.

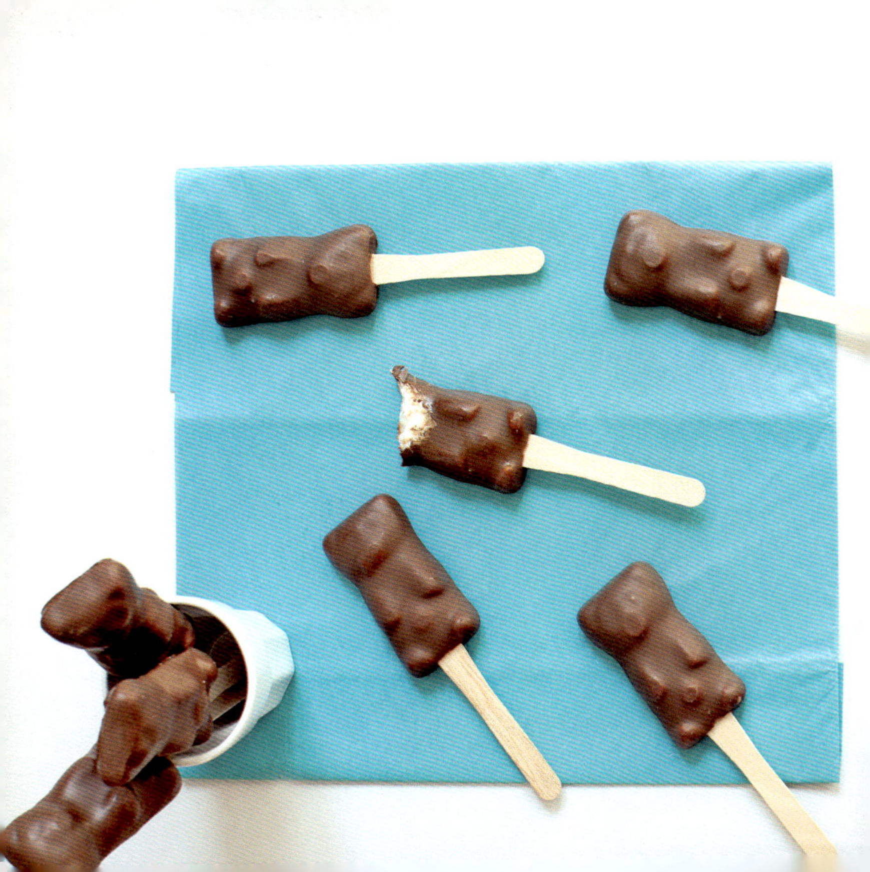

REMERCIEMENTS

L'auteur dédie ce livre à ses trois oursons d'amour : Eden, Nils et Joshua.

Avec la collaboration de CEMOI® Chocolatier français.
Tous droits réservés. Toute reproduction ou utilisation de l'ouvrage sous quelque forme et par quelque moyen électronique, photocopie, enregistrement ou autre que ce soit est strictement interdite sans l'autorisation de l'éditeur.

Shopping : Ilona Chovancova
Relecture : Véronique Dussidour
Édition : Marie-Eve Lebreton
Mise en pages : Gérard Lamarche

© Hachette Livre (Marabout) 2011
ISBN : 978-2-501-07449-0
4100749-05

Achevé d'imprimer en octobre 2011 sur les presses d'Impresia-Cayfosa
Dépôt Légal : novembre 2011